知ろう・やってみよう障がい者スポーツ

スポーツでひろげる国際理解 5

監修：**中西哲生**（スポーツジャーナリスト）

第5巻 知ろう・やってみよう障がい者スポーツ

　障がい者スポーツを見たことや、やったことがある人はいますか。障がいのある人のなかでも、障がい者スポーツをすでにやったことがある人もいれば、まだやったことがないよ、という人もいるでしょう。この巻では、障がい者スポーツの歴史を知り、どのように発展してきたかを学びます。いろいろな障がい者スポーツの種類も紹介していますよ。障がい者スポーツのルールは、障がいのある人がスポーツを楽しめるように工夫されています。道具の発展や選手たちのトレーニングの進化などで、スポーツとしてのおもしろさが見ている人にも伝わるようになりました。パラリンピックに出場するような選手のプレーはすばらしく、とても感動します。また独自の障がい者スポーツであるボッチャやゴールボールなどを初めて見る人は、きっとおもしろいなと思うはずです。

　パラリンピックは障がい者が参加する世界最大のスポーツ大会ですが、ほかにも多くの障がい者スポーツ大会が行われています。障がい者スポーツ大会では、体験コーナーがありますから、この巻を読んで、おもしろそうだなと思ったスポーツがあれば、ぜひ体験してみましょう。また、障がい者スポーツは多くのサポーターやボランティアに支えられていることにも注目してください。

中西哲生
（スポーツジャーナリスト）

もくじ

1章　障がい者スポーツのはじまり

世界が注目するパラリンピック ………… 4
パラリンピックの歴史 ………………… 6
パラリンピックの特徴を知る ………… 8

2章　夏の競技や室内の競技

陸上競技 ……………………………… 10
水泳 …………………………………… 11
車いすバスケットボール …………… 12
ゴールボール ………………………… 16
ボッチャ ……………………………… 18
ウィルチェアーラグビー …………… 22

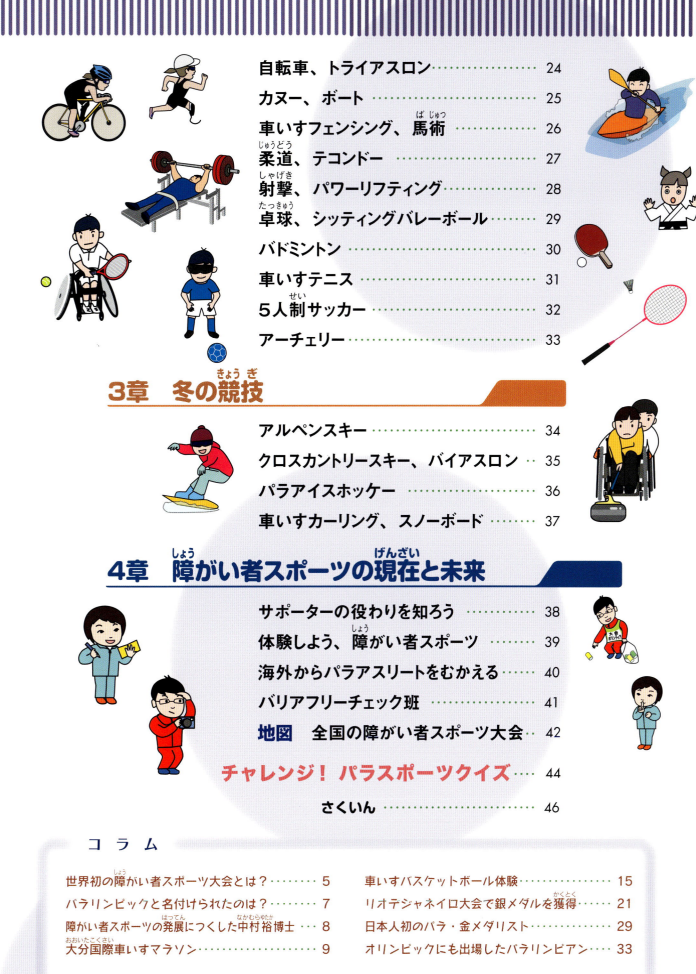

自転車、トライアスロン ……… 24
カヌー、ボート ……… 25
車いすフェンシング、馬術 ……… 26
柔道、テコンドー ……… 27
射撃、パワーリフティング ……… 28
卓球、シッティングバレーボール ……… 29
バドミントン ……… 30
車いすテニス ……… 31
5人制サッカー ……… 32
アーチェリー ……… 33

3章　冬の競技

アルペンスキー ……… 34
クロスカントリースキー、バイアスロン ……… 35
パラアイスホッケー ……… 36
車いすカーリング、スノーボード ……… 37

4章　障がい者スポーツの現在と未来

サポーターの役わりを知ろう ……… 38
体験しよう、障がい者スポーツ ……… 39
海外からパラアスリートをむかえる ……… 40
バリアフリーチェック班 ……… 41
地図　全国の障がい者スポーツ大会 ……… 42

チャレンジ！パラスポーツクイズ ……… 44

さくいん ……… 46

コラム

世界初の障がい者スポーツ大会とは？ ……… 5
パラリンピックと名付けられたのは？ ……… 7
障がい者スポーツの発展につくした中村裕博士 ……… 8
大分国際車いすマラソン ……… 9
車いすバスケットボール体験 ……… 15
リオデジャネイロ大会で銀メダルを獲得 ……… 21
日本人初のパラ・金メダリスト ……… 29
オリンピックにも出場したパラリンピアン ……… 33

パラリンピックとは何か

世界が注目するパラリンピック

パラリンピックは、障がい者の治療・リハビリからはじまりました。現在、オリンピックとともに開催され、障がい者アスリートによる競技大会として、世界中で注目されています。パラリンピックの成り立ちを知ることで、障がい者スポーツの発展の歴史をたどっていきましょう。

治療からはじまった障がい者の大会

パラリンピックは障がい者を対象として開かれる、もうひとつのオリンピックです。4年に一度、オリンピックの終了後に同じ会場を使用して開催されています。

パラリンピックのきっかけは、ドイツ出身医師ルードヴィッヒ・グットマン博士のよびかけです。博士は、第二次世界大戦でおもにせき髄を損傷した兵士たちを治療するためにスポーツを取り入れ、患者たちが社会復帰できるような成果を上げていたのです。苦しいリハビリを、スポーツをやることで、少しでも軽くしようという考え方でした。

そして、1948（昭和23）年7月29日、第14回オリンピック・ロンドン大会の開会式の日に、博士は赴任していたイギリスの首都ロンドン郊外のストーク・マンデビル病院内で、16人の車いす患者によるアーチェリーの小さな競技会を開きました。これが第1回ストーク・マンデビル大会となりました。

国際ストーク・マンデビル大会

1952（昭和27）年にオランダがストーク・マンデビル大会に参加し、1958年には参加国が28か国に増え国際大会として認められていきます。参加者も第1回の16人から、1958年には350人となりました。1960年には、アーチェリー・バスケットボール・やり投げ・スヌーカー（ビリヤードの種類）・卓球・水泳・ダーチェリー（アーチェリーとダーツを組み合わせた競技）・フェンシング・砲丸投げ・こん棒投げ・五種競技の11競技が行われるようになりました。

第2回ストーク・マンデビル大会で行われたアーチェリー競技（1953年）

写真／アフロスポーツ

1章 障がい者スポーツのはじまり

2016年のリオデジャネイロ大会には、155か国、4333人も参加したんだよ。

リオデジャネイロ・パラリンピックの開会式（2016年）

写真:Press Association/アフロ

　また1958年には、オリンピックのような聖火リレーが、車いすを使って、イギリス北部から、開催地のロンドンのストーク・マンデビルまで行われました。

パラリンピックの開催

　1989（平成元）年に国際パラリンピック委員会（IPC）がつくられました。IPCは、過去の大会をさかのぼって、1960（昭和35）年にイタリアのローマで開催されたストーク・マンデビル大会を第1回パラリンピックとし、4年に一度の開催と決めました。第4回大会までは車いす使用者の大会でしたが、その後、切断者、脳性まひ者、視覚障がい者、その他の機能障がい者と知的障がい者などが大会に参加できるようになりました。こうして社会復帰のリハビリからはじまった大会は、障がい者の競技スポーツの大会として大きく発展することになりました。

世界初の障がい者スポーツ大会とは？

　世界で最初の障がい者スポーツの大会は、1924（大正13）年に開かれた聴覚に障がいがある人たちのための大会で、現在も4年に一度開催されています。2001（平成13）年のイタリア大会から「デフリンピック」と名付けられました。聴覚障がいは、耳が聞こえなかったり、聞こえにくかったりする障がいです。スポーツをするための手や足は健常者とあまり変わりありません。デフリンピックの競技ルールはオリンピックとほぼ同じです。

　この大会は、国際ろう者スポーツ委員会（ICSD）が運営しています。大会の参加者は国際手話でコミュニケーションをとります。また、競技中の補聴器の使用は禁止されています。

　日本は、1965（昭和40）年のワシントン大会（アメリカ）から参加しています。これまでに、卓球、マラソン、バドミントン、バレーボール、ボウリング、陸上4×100mリレー、スノーボードなどで金メダルを獲得しています。

写真:gettyimages

▲デフリンピックの閉会式。手話で挨拶するICSDのV・ルフリェジェフ会長（2017年トルコ・サムスン市）。

パラリンピックとは何か
パラリンピックの歴史

	回	開催年	開催都市	開催国	参加国数	参加人数	開催時名称
夏季	1	1960	ローマ	イタリア	23	400	第9回ストーク・マンデビル競技大会
	2	1964	東京	日本	21	378	第13回ストーク・マンデビル競技大会
	3	1968	テルアビブ	イスラエル	29	750	第17回ストーク・マンデビル競技大会
	4	1972	ハイデルベルグ	西ドイツ	43	984	第21回ストーク・マンデビル競技大会
	5	1976	トロント	カナダ	40	1657	TORONT OLYMPIAD
	6	1980	アーネム	オランダ	42	1973	OLYMPICS FOR THE DISABLED HOLLAND'80
	7	1984	ニューヨーク／ストーク・マンデビル	アメリカ／イギリス	54	2102	第7回国際身体障害者スポーツ大会
	8	1988	ソウル	韓国	61	3057	※1989年に国際パラリンピック委員会は、過去の大会をさかのぼって、1960年のストーク・マンデビル大会を第1回パラリンピックと決めました。
	9	1992	バルセロナ	スペイン	83	3001	
	10	1996	アトランタ	アメリカ	104	3259	
	11	2000	シドニー	オーストラリア	122	3881	
	12	2004	アテネ	ギリシャ	135	3808	パラリンピック
	13	2008	北京	中国	146	3951	
	14	2012	ロンドン	イギリス	164	4237	
	15	2016	リオデジャネイロ	ブラジル	159	4333	
	16	2020	東京	日本			
	17	2024	パリ	フランス			
	18	2028	ロサンゼルス	アメリカ			
冬季	1	1976	エンシェルツヴィーク	スウェーデン	16	53	
	2	1980	ヤイロ	ノルウェー	18	299	
	3	1984	インスブルック	オーストリア	21	419	
	4	1988			22	377	
	5	1992	アルベールビル	フランス	24	365	パラリンピック
	6	1994	リレハンメル	ノルウェー	31	471	
	7	1998	長野	日本	31	571	
	8	2002	ソルトレイクシティ	アメリカ	36	416	
	9	2006	トリノ	イタリア	38	474	
	10	2010	バンクーバー	カナダ	44	502	
	11	2014	ソチ	ロシア	45	547	
	12	2018	平昌	韓国	49	570	
	13	2022	北京	中国			

1988年から、オリンピックの開催地でパラリンピックも開催されるようになったんだね。

長野市でもパラリンピックが開催されているね。

パラリンピックで実施された競技
*2020年の東京パラリンピックで行われる予定の競技

- アーチェリー*
- ウィルチェアーラグビー*
- カヌー*
- 車いすフェンシング*
- 車いすテニス*
- 車いすバスケットボール*
- ゴールボール*
- 5人制サッカー*
- 脳性麻痺者7人制サッカー
- シッティングバレーボール*
- スタンディングバレーボール
- スヌーカー
- 自転車*
- 柔道*
- 水泳*
- セーリング
- ダーチェリー
- トライアスロン*
- 卓球*
- 射撃*
- 馬術*
- パワーリフティング*
- ボート*
- ボッチャ*
- 陸上競技*
- レスリング
- ローンボウルズ
- アイススレッジホッケー
- アルペンスキー
- 車いすカーリング
- クロスカントリースキー
- バイアスロン
- アイススレッジスピードレース
- スノーボード

2020年の東京パラリンピックでは、バドミントン、テコンドーが追加される予定です。

1章 障がい者スポーツのはじまり

　パラリンピックは1960（昭和35）年を第1回とし、現在は150か国以上の国と地域が参加する、大きな大会となりました。2020年の第16回東京大会では、オリンピックのすぐ後に、パラリンピックの22競技が行われる予定です。

写真:毎日新聞社

◀ 1964年の東京大会の車いすバスケットボールの様子です。日本対アメリカ戦。
　この大会に参加した外国人選手の多くは職業を持っていました。しかし日本人選手53名のうち職業を持っていた人はわずかでした。

写真:アフロ

◀ リオデジャネイロ大会のウィルチェアーラグビーの様子です。日本対アメリカ戦。日本は3位決定戦でカナダに勝って銅メダルを獲得しました。

2020年の東京パラリンピックが楽しみだよね。

パラリンピックと名付けられたのは？

　パラリンピックの「パラ」の元の意味は、せき髄損傷などの下半身まひを表す英語のパラプレジア（paraplegia）です。初期のころの大会は、車いす選手による大会だったので、この「パラプレジア」と「オリンピック」を組み合わせて「パラリンピック」と名付けられました。その後、「もう一つの（英語のparallel）オリンピック」という解釈に変更されました。

パラリンピックとは何か
パラリンピックの特徴を知る

　パラリンピックは、人間の可能性に気付き、限界に立ち向かうアスリートたちに接するよい機会です。障がい者スポーツの特徴を理解すれば、そのおもしろさや楽しさがわかり、感動も深くなることでしょう。

　また、ぜひ障がい者スポーツを体験してください。パラアスリートたちの技術のすごさや工夫がわかると思います。

クラス分けのルール

　パラリンピックをはじめ、障がい者スポーツの大きな特徴は、「クラス分け」ルールがあることです。障がいの種類や程度に応じてクラスを分けたり、団体競技は持ち点を決めて試合を行うなどもしています。異なる障がいの選手が競っても、どちらが優れているかの判断は不可能だからです。オリンピックでも、体重別のようなクラス分けはありますが、パラリンピックの競技の多くは、もっと細かくクラス分けされているのです。

　パラリンピック陸上の場合は、3けたの記号でクラス分けを表しています。最初のけたは競技種類で、Tはトラック競技で走る競技と跳躍、Fは砲丸投げややり投げなどの投てき競技です。

　2けた目は、障がいの種類です。次の区別があります。
1　視覚障がい（立位）
2　知的障がい（立位）
3　脳性まひ（立位・車いすや投てき台使用）
4　低身長、脚長差、切断、関節可動域制限、筋力低下などのある障がい（立位）
5　脚長差、切断、関節可動域制限、筋力低下などのある障がい（車いすや投てき台使用）

　3けた目は、障がいの程度で、0～9の番号がふられ、番号が小さいほど障がいが重くなりま

障がい者スポーツの発展につくした中村裕博士 (1927～1984年)

▲中村裕博士。
写真は1981年の大分国際車いすマラソン大会の開会式。
写真:大分国際車いすマラソン大会事務局

　中村裕博士は、1960（昭和35）年イギリスのストーク・マンデビル病院に留学し、グットマン博士の、スポーツを医療の中に取り入れて、機能の回復と強化を訓練し治療する方法に感銘を受けて帰国しました。しかし、当時の日本では「治療は安静が中心」の考えの医療関係者が多く、中村博士が唱えた「患者にスポーツをさせること」は批判されました。中村博士は自分の患者や医師・体育関係者・県庁・身体障がい者などを熱心に説得し、「大分県身体障害者体育協会」を設立し、1961年10月に「第1回大分県身体障害者体育大会」を全国で初めて開催しました。

　また、中村博士は第11回ストーク・マンデビル競技大会への参加を強く訴え、1962年7月、大会に国立別府病院(当時)から2名の選手とともに参加、この大会に日本からの参加があったということが世界に大きく報道されました。そして第2回パラリンピック（当時は第13回ストーク・マンデビル大会）の東京開催が決定されました。

　中村博士は東京パラリンピックに出場した外国人選手のほとんどが健常者と同じように仕事を持って生活をしていることを知り、日本でも障がい者が自立できる施設を作る必要があると説きました。1965年、障がい者が働き、自立する支援の場として「太陽の家」を創りました。

　その後、1975年にスポーツを通じてアジアや南太平洋の障がい者福祉の向上をめざしたフェスピックを開催、1981年には博士の出身地大分で、大分国際車いすマラソン大会などを実現させました。

1章 障がい者スポーツのはじまり

す。右の写真はリオデジャネイロ大会の走り幅跳びの銀メダリスト山本篤選手です。山本選手のクラス分けは「T42」で表されています。Tは跳躍競技、4は切断、2は障がい程度となります。

用具の工夫

パラリンピックでは、義足や義手、車いすなど、障がいを助ける用具にも注目してください。たとえば、写真の山本選手の使っている義足はカーボンファイバー製で、板を曲げた形です。こうした義足は地面をけるときの反発力は強いのですが、まっすぐ飛ぶには、たいへんな技術を必要としています。

選手のサポーター

陸上競技の場合、視覚障がい者のために伴走する「ガイドランナー」や、跳躍・投てき種目で選手にまわりの様子を知らせる「コーラー」などのサポーターがつくことが認められています。パラ

写真:MA SPORTS/吉村もと

▲リオデジャネイロ・パラリンピックの走り幅跳びで銀メダルを獲得した山本篤選手の跳躍、記録は6m62。山本選手は2008年の北京パラリンピックの走り幅跳びで銀メダルを獲得し、日本の義足陸上競技選手で初のパラリンピックメダリストになりました。2017年10月から神戸の会社とスポンサー契約を結びプロとなりました。冬の競技のスノーボードにも挑戦しています。

リンピックでは、ガイドランナーにもメダルが贈られる種目があります。

大分国際車いすマラソン

写真:大分国際車いすマラソン大会事務局

▶大分国際車いすマラソンは、1981(昭和56)年の国際障害者年を記念し、世界で初めての「車いすだけのマラソンの国際大会」としてスタート。現在は毎年開催され、世界最大レベルの大会となっています。

現在の選手は、カーボンやチタン製の「レーサー」とよばれる車いすを使用。トップ選手の平均時速は30kmをこえ、下り坂では時速50kmをこえます。42.195kmの距離を1時間20分台で走ります。

▶沿道が応援者であふれる、すばらしい環境でレースが行われています。

1981

2015

写真:産経ビジュアル

▲1964年に東京で開催されたパラリンピック。写真は開会式の日本選手団の入場行進です。

上の写真と下の写真の車いすの形を比べて見てね。ずいぶん、変わってきたんだね。

第2章では、春、夏、秋に行われる競技や室内で行われる競技を紹介します。

陸上競技
限界への記録と勝利の追求

日本パラ陸上選手権大会（2017年）

パラリンピックでのおもな種目
男女共通
100m、200m、400m 800m、1500m、5000m 4×100m リレー 4×400m リレー マラソン 走り幅跳び、砲丸投げ、円盤投げ やり投げ、こん棒投げ
男子
走り高跳び

一般の陸上競技とルールはほぼ同じですが、障がいによってできないことがあるのと、けがをしたり、障がいを悪化させたりしないように、ルールを一部変更しています。また、競技専用の車いすや義足、義手などを使うことができるクラスもあります。また、重度の視覚障がい者の競技では、健常者のサポートを受けることができます。

※健常者とは、障がい者や病人との対比で使われる表現で、日常生活に支障のない人をさします。

クラス分けってどうやるの

公平に競技を行うために、選手は障がいの種類や程度に応じてクラス分けされます。クラス分けを決定する人は、医師や理学療法士、トレーナーなどで、公認の資格が必要です。これらの人はクラス分け委員とよばれ、選手一人ひとりの筋力や関節の動きをチェックして、クラス分けを行います。

● 競技用車いす「レーサー」

座席
選手はすわるか、正座するような姿勢で乗りこみます。

ハンドルとブレーキ

ハンドリム
車輪を回すための部品で、選手はグローブをはめて、ここを回したり、たたいたりして操作します。

トラックレバー
陸上競技場のトラックの左カーブに合わせて、前輪を固定したり、直進にもどしたりするレバー。

写真：日進医療器株式会社

● スポーツ用義足

ソケット
脚と義足をつなぐ部品。選手それぞれの脚の形に合わせてつくられます。

膝継ぎ手
膝関節の役わりをはたす部品です。

板バネ足部
足部の部品で、反発力の強いカーボンが使われています。

陸上競技用の義足はカーボンファイバーでできていて、地面を蹴るときの反発力が強くなっています。選手は義足を身体の一部としてコントロールしています。

写真：オットーボック社

2章　夏の競技や室内の競技

水泳　まっすぐ泳ぐ技術のすごさに注目

　一般の水泳と同じく、自由形、背泳ぎ、平泳ぎ、バタフライの泳法に分かれています。公平に競技を行うために、選手は障がいの種類や程度に応じてクラス分けされます。障がいの状態によって、スタートのしかたなど、さまざまなルールが設けられています。

　片腕や片足を失っていたり、片半身がまひなどで動かなかったりする選手が泳ぐと、水の抵抗や浮く力に左右の差が生まれます。まっすぐに泳ぐことは、とても大変なことです。選手たちは、まっすぐ泳ぐ研究をして、自分の体にあった泳ぎ方を見つけているのです。

　体の機能を生かして、泳ぐ選手たちのテクニックに注目してください。

パラリンピックでのおもな種目
男女共通
自由形 （50m、100m、200m、400m） 背泳ぎ（50m、100m） 平泳ぎ（50m、100m） バタフライ（50m、100m） 個人メドレー（150m、200m） メドレーリレー（4×100m） 自由形リレー（4×100m）
男女混合
自由形リレー（4×50m）

◀山田拓朗選手。アテネ、北京、ロンドン、リオデジャネイロ・パラリンピックに出場しました。リオ大会では、50m自由形で銅メダルを獲得しています。

写真：エックスワン

タッピング

　視覚障がいの選手は、プールの壁の位置を確認することができません。そのため、コーチがゴールやターンのとき、ちょうどよいタイミングで選手に知らせます。左の絵のように棒（タッピングバー）で選手の体にタッチします。

選手とタッチするコーチは、タッピングのタイミングを練習しているんだって。

11

スピード感ばつぐん

車いすバスケットボール

パラリンピックでの種目　男子　女子

リングの高さ　3.05m

コートの幅　15m

コートには5人出場

スリーポイント・ライン

観戦のポイント
- 車いすを操るテクニック
- ボールのないところでの車いす同士の激しい攻防

第45回記念日本車椅子バスケットボール選手権大会（2017年）

タイヤは、ハの字に開いていて、回転性能が高いんだよ。

　車いすバスケットボールは、脚や下半身などに障がいのある選手が、車いすに乗って試合をするバスケットボールです。5人対5人で試合をします。1960（昭和35）年のパラリンピック第1回ローマ大会から競技種目になっています。障がい者スポーツの中でも、人気が高いスポーツです。コートの大きさ、リングの高さ、ボールなどは、一般のバスケットボールと同じです。ルールも一部をのぞいて変わりありません。1試合は10分間のピリオドを4回行います。決着がつかない場合は1回5分の延長ピリオドで決着をつけます。

協力：日本車いすバスケットボール連盟

2章　夏の競技や室内の競技

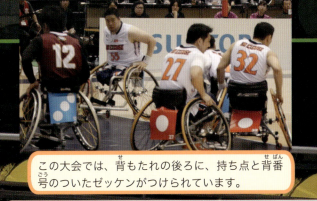

この大会では、背もたれの後ろに、持ち点と背番号のついたゼッケンがつけられています。

すべての選手はクラス分けを受け、障がいの程度に応じた持ち点がつけられます。持ち点は1.0点から0.5点きざみで4.5点まであります。つねにコートの5名を合計14点以内で編成します。障がいの軽い選手だけでなく重い選手にも出場機会が生まれることになります。

持ち点と障がいの程度

- **4.5点** 軽い下肢（脚）障がいがある。体を全方向に安定して動かすことができる。
- **4.0点** 股関節の動きを使って、体を片側に曲げることができる。
- **3.0点** 下肢にわずかに筋力があり、上体を起こすことができる。側面の動きはコントロールできない。
- **2.0点** 腹筋や背筋の機能がわずかに残り、上半身を前にかたむけることができる。
- **1.0点** 腹筋や背筋の機能がなく、車いすに深くすわって背もたれにもたれかかってプレーする。

1チームは最大12人

コートの長さ　28m

シートは身体の大きさや障がいによって背もたれの高さや座面の角度、厚みなどを変えます。

スタッフの動きも重要

転倒したら、自力で起き上がらなければなりません。起き上がることができない場合は、だれかがサポートします。ボールを持ったまま転倒すると相手のスローインとなります。

バンパーは脚を保護するだけでなく他の車いすに引っかからない役目をしています。

タイヤは競技中にパンクすることがあるため、簡単に着脱できるようになっています。

写真:日進医療器株式会社

「車いす」ならではのプレー

トラベリングをしないようにすれば、何度でもドリブルとボールの保持をくり返すことができるんだよ。

接触プレーは禁止ですが、車いすの横幅を利用して、相手を妨害することはできます。スピードがあるので、車いす同士がぶつかると転倒してしまうこともあります。

左手で右ハンドルを持って車いすを回転させながらフェイントをかけ、シュートチャンスをねらっています。日本代表香西宏昭選手の得意プレーです。

片方のタイヤを上げてシュートディフェンスをしています。すぐれたボディバランスがなければできません。

日本の車いすバスケットボール界のエース、藤本怜央選手。2016年のリオデジャネイロ・パラリンピックでは、日本代表のキャプテンでしたね。ドイツのブンデスリーガでも活躍！

2章　夏の競技や室内の競技

　車いすバスケットボールの場合、ボールを保持して車いすを3回連続プッシュする（こぐ）とトラベリングになり、反則を取られます。トラベリングにならないためには、2プッシュ以内に1ドリブルしなければなりません。また、ドリブルとボールの保持は何度してもダブルドリブルにはなりません。

日本代表豊島英選手

▲緑の12番は、白チームの守備の中心である4番に対してバックピックをかけています。たとえば、緑の12番は持ち点2、白の4番は持ち点4.5だとしたら、緑の12番は1人で、相手の持ち点の多い選手をとめているので、チームに大きな貢献をしていることになります。

バックピック

　車いすバスケットボールで攻守が交代したときによくあらわれるプレーです。自陣や相手陣にとどまって、相手選手を攻撃や守備に参加させないようにするプレーです。たとえば、相手エースを相手陣にとどめて攻撃参加させないようにすれば、得点源をうばうことができます。また、相手の守備の中心になっている選手を自陣におしとどめる場合もあります。

車いすバスケットボール体験

　車いすバスケットボールの試合の会場では、車いす体験会を行うことがよくあります。車いすを操作しながらバスケットボールをあつかうむずかしさなどを体験できます。選手たちのすごさを実感してください。

　左の写真は、バーチャルメガネをかけて、車いすバスケットの疑似体験をしているところです。これらは、主要な大会で体験できるイベントです。

15

静じゃくの中の激しい攻防に注目

ゴールボール

パラリンピックでの種目
男子　女子

視覚障がい者の男女別競技で、鈴の入ったボールを相手のゴールめがけてバウンドさせてころがし、得点を競います。コートの大きさは6人制バレーボールと同じです。1チームは3人、選手は目かくしをして全く見えない状態で、鈴の音を聴きながらプレーします。試合は前後半12分、合計24分で行われます。

日本代表女子は、2008（平成20）年の北京パラリンピックではじめて団体競技の金メダルを獲得しました。

審判

ゴールの幅　9m

ラインテープは厚くなっていて、選手はさわって位置を確かめることができます。

観戦のポイント
・フェイントや移動攻撃
・味方同士のパス交換や速攻
・ボールのスピードや回転

ゴールの高さ　1.3m

写真：エックスワン

ボールが投げられてから、1秒もしないうちに、守備位置までボールがきます。選手はそのわずかの間に、助走の足音や、ボールのバウンドの音で、ボールの方向や高さを予測して、反応します。そのすごさに注目してください。

2章 夏の競技や室内の競技

ゴールボールでは、選手はボールの中で鳴る鈴の音をたよりにプレイします。ですから、観客は声を出してはいけません。とくに静かにしなければいけないときは、スタッフがボードを観客に見せて合図をします。

ゴールが決まったときは、大きな声をあげてね！

ボールは、バスケットボールとほぼ同じ大きさ、重さは1.25kgで約2倍だよ。ずいぶん重いね。

ボールは、チームエリアとニュートラルエリアの両方でバウンドさせなければ反則です。

審判

1バウンド
2バウンド

コートの長さ　18m

チームエリア
ニュートラルエリア
相手チームエリア

日本独自の工夫
右のようにゴールに9つの番号をふり、ボールを持つ相手のポジションを3人が共有します。右の絵では相手は5あたりから投げてくるので、「5からくるよ」などと声をかけてディフェンスします。

高度な技術・集中力と戦略がもとめられる

ボッチャ

パラリンピックでの種目
| 男女混合 | シングルス（1対1）、ペア（2対2）、団体（3対3） |

観戦のポイント
- 広いコートのどこにジャックボールを投げるのか
- ジャックボールを動かすことも戦術のひとつ
- いかに多くのボールを先に敵に投げさせるかが得点のポイント

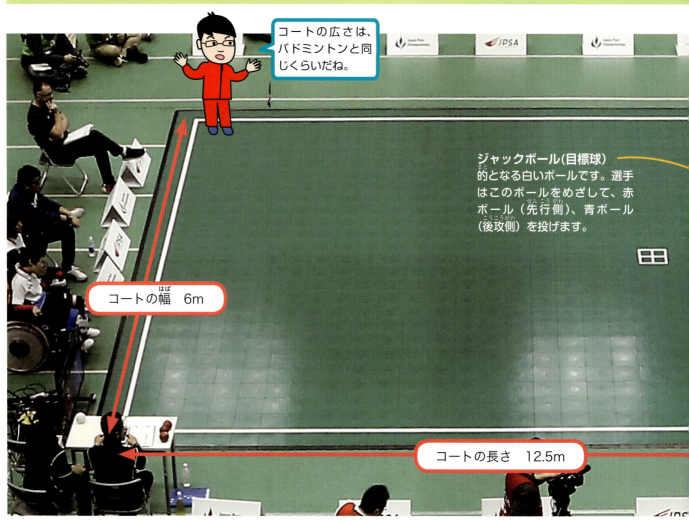

コートの広さは、バドミントンと同じくらいだね。

ジャックボール（目標球）
的となる白いボールです。選手はこのボールをめざして、赤ボール（先行側）、青ボール（後攻側）を投げます。

コートの幅　6m

コートの長さ　12.5m

2章　夏の競技や室内の競技

▼写真は、3人対3人の団体戦の様子です。黄色い床のところはスローイングボックスといい、ボールを投げる場所です。試合開始の第1エンドの先攻は赤ボール❶となります。試合の流れは、20ページにあります。

写真：エックスワン

ボッチャは重い脳性まひ者と、それと同じぐらいの障がいがある人のために考えられたスポーツです。「ボッチャ」とは、ラテン語でボールという意味です。大きな大会では障がいの種類や程度によって4クラスに分かれています。

ジャックボール（的として目標にする白い球）に、赤・青それぞれ6球ずつのボールをどれだけ近づけられるかを競う競技です。個人戦とペア戦は4エンド、チーム戦は6エンドを行います。エンドの終わりに、ジャックボールに最も近いボールを投げた側にだけ得点が入ります。投球にかけられる時間はクラスによって決められています。

相手のボールをはじいて自分が有利になるようにしたり、ボールを当ててジャックボールを動かすこともできます。将棋や囲碁のように知的な戦略とそれを実行できる技術力がもとめられます。

ジャパンパラボッチャ競技大会(2017年)
写真：エックスワン

ボッチャの試合の流れ

1. 対戦する選手（ペアやチーム）は、6個ずつのボールを使用します。

わたしが先攻なので、赤のボールを使うんだよ。

ぼくは後攻。青のボールだね。

2. 先攻側（赤いボール側）が的となるジャックボール（白いボール）を投げます。続けて自分のボール（赤いボール）も投げます。

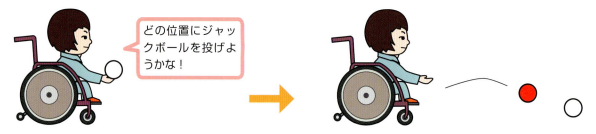

どの位置にジャックボールを投げようかな！

3. 後攻側が最初の投球を行います。

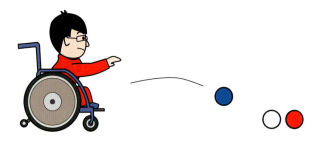

ボールは、ジャックボールに当てたり、自分のボールや相手のボールに当てたりもできます。ボールをずらすことで戦略を立てていきます。先に相手に投げさせて、相手の投げるボールを減らしてしまうのが有利な展開です。

4. それからは、ジャックボールにより近い位置を相手に取られている側が、次の投球を行います。

ぼくの青ボールの方が赤ボールよりジャックボールまで遠いな。ということは？

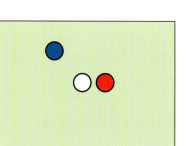 

次の投球は、あなたですね。やったあ！

5. 赤、青それぞれ6球を投げ終わった時点で得点を計算します。

 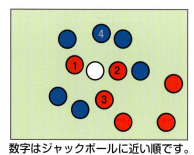

さて、得点を計算してみようね。

数字はジャックボールに近い順です。

エンドが終わって、ジャックボールに最も近いボールをもつ側にだけ得点が入ります。左の場合、得点するのは①をもつ赤。青で白に一番近い④より白に近い赤は3つなので、3点が赤側に入ります。青側は0点です。

20

2章　夏の競技や室内の競技

工夫された用具

　ボッチャでボールを投げることができないクラスの選手は、ランプというすべり台のような用具を使って投球します。ボッチャ競技特有の用具です。選手は、ボールをころがすことにより、投球します。

　ランプはつなぎ合わせることによって、高さの調節ができるようになっています。大きさは、スローイングボックス（2.5×1m）以内と決まっています。

　ボッチャのボールは規定通りであれば、選手は自分専用のものを使うことができます。自分のプレースタイルや戦況によって、かたさや材質をちがうものにして投球します。

アシスタント

　ボールを投げることがむずかしいクラスの選手は、アシスタントをつけることができます。アシスタントは、選手の指示により、ランプの高さや位置を決めたり、選手がプッシュする位置にボールを置いたりします。ただし選手へのアドバイスや合図はルールで禁じられています。

ランプ

ヘッドポインター
頭につけた棒を使って投球する選手もいます。

アシスタントは、コートに背を向けているね。試合中、コートを見ることができないんだよ。

写真：エックスワン

リオデジャネイロ大会で銀メダルを獲得

　2016（平成28）年のリオデジャネイロ・パラリンピックで、日本代表チームは決勝に進出しました。準決勝のポルトガル戦では、ポルトガルの選手がボールをはねさせてジャックボールにのせる、すごい投球をしました。これに対して日本のエースの廣瀬隆喜選手は、ころがさないで直接ボールを当てる技の「ロビングボール」で対抗しました。決勝では世界ランク1位のタイに敗れましたが、見事に銀メダルにかがやきました。日本はボッチャ史上はじめてのメダルでした。2020年の東京パラリンピックでも、日本代表チームの活躍が期待されています。

車いす同士のぶつかり合いが許された唯一の競技

ウィルチェアーラグビー

パラリンピックでの種目
男女混合

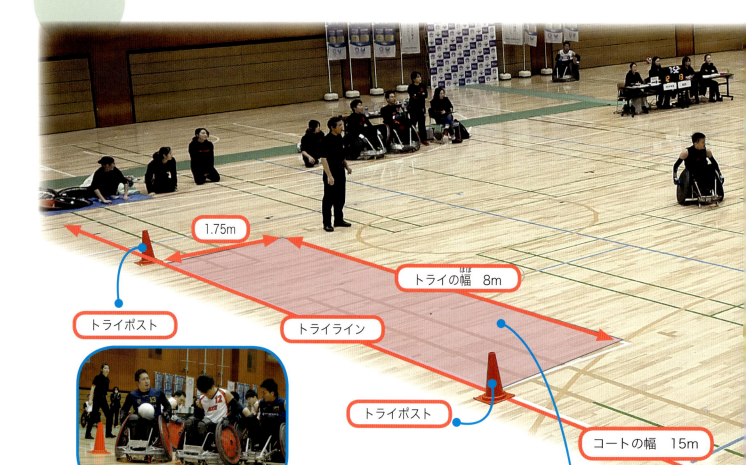

- トライポスト
- 1.75m
- トライの幅 8m
- トライライン
- トライポスト
- コートの幅 15m

得点 ボールを持って、2つのトライポストのあいだのトライラインをこせば1点。前後4つの車輪のうち2つがトライラインに乗るか通過すればオーケーです。

● **キーエリア**
　ディフェンス側が同時にここに入れるのは3人まで、4人目が入るとその選手は反則です。
　オフェンス側はこのエリアに入っていいのは10秒間です。10秒をこえると反則になります。

　ウィルチェアーラグビーは、四肢（手や足）にまひがある人が車いすに乗って行う競技。ボールを相手のトライラインに運び、得点を競います。男女混合の競技で、コート上には4人が出場し、交代の回数制限はありません。コートの大きさはバスケットボールと同じです。試合は、8分間のピリオドを4回、合計32分間です。ピリオドのあいだに休み時間が入ります。
　障がいの程度によって、選手それぞれに持ち点がつけられています。障がいが重いほど点数が低くなります。コート上の4人の合計を8点以内にしなければなりません。女子選手がふくまれる場合は、女子選手1人に付き持ち点の上限に0.5点追加されます。たとえば女子だけで4人出場の場合は合計10点までになります。
　日本代表は2016（平成28）年、リオデジャネイロ・パラリンピックで銅メダルを取りました。

協力：一般社団法人日本ウィルチェアーラグビー連盟

2章 夏の競技や室内の競技

渋谷区長杯第1回渋谷区ウィルチェアラグビー大会

コートの長さ 28m

観戦のポイント
- 強烈なタックルとそれをかわすテクニック
- 障がいの重い選手の体をはった動き
- 試合を支えるチームスタッフ

● ボール
バレーボール5号球をもとにつくられました。

● 守備型用車いす
相手の動きをブロックするためのバンパーがとびだしています。おもに障がいの程度の重い選手が使用しています。

▲リオデジャネイロ・パラリンピック
日本代表今井友明選手（持ち点1.0）

▲ウィルチェアーラグビーの一番の魅力はタックルです。車いす同士のぶつかりが許された唯一の競技です。車いすが浮き上がるほどの衝撃があります。

● 攻撃型用車いす
小回りがきくように全体に丸みをおびた形になっています。おもに障がいの程度が軽い選手が使用しています。

▲リオデジャネイロ・パラリンピック
日本代表島川慎一選手（持ち点3.0）

写真：kickoffplus

自転車

自転車を操るテクニックとスピード感を感じよう

鹿沼由理恵選手　田中まい選手（パイロット）

写真：エックスワン

▲視覚障がいクラスで使う、２人乗りのタンデム自転車。後ろに乗るのが選手、前はパイロットとよばれる晴眼者です。

※晴眼者：目の見える人。

前に乗っているパイロットというサポーターにも、メダルがあたえられるんだよ。

パラリンピックでの種目

男女共通
〈トラック〉
個人追いぬき、タイムトライアル
〈ロード〉
タイムトライアル、ロードレース

男女混合
〈トラック〉
チームスプリント
〈ロード〉
チームリレー

　屋内の競技場で行う「トラック」と、屋外の一般道を使用する「ロード」の２つに大別されます。トラックではバンクという傾斜のある走路を走り、時速は60km以上出ることがあります。ふつうの自転車の時速は15〜20kmぐらいですから、その4倍ぐらいのスピードです。ロードは屋外競技なので、天候や道路状態で競技が左右され、自転車操作のテクニックが要求されます。

　障がいの種類や程度によって、手でこぐことができるハンドバイク、身体のバランスがとりにくい選手は三輪自転車、視覚障がい者は健常者と２人でこぐことができるタンデム自転車などの使用も認められています。

トライアスロン

「スイム・バイク・ラン」の合計タイムを競う

パラリンピックでの種目 男女共通

　トライアスロンはひとりでスイム（水泳）0.75km、バイク（自転車）20km、ラン（長距離走）5kmを行い、タイムを競います。オリンピックでも人気競技です。

　車いす、切断、視覚障がいなどの選手が参加し、障がいの種類や程度によってクラス分けされています。スイムからバイク、バイクからランへ変わる流れをトランジションとよび、どれだけタイムロスなく切りかえが行われるかも見どころです。

　クラスによって、ウェットスーツの脱着や車いすへの乗り降りなどのサポートを受けることができます。2016年リオデジャネイロ大会より正式競技となりました。

写真：エックスワン

◀スイムからバイクへのトランジションへ急ぐ佐藤圭一選手（立位クラス）。

2章　夏の競技や室内の競技

カヌー　ゴール前は激しいデッドヒート

パドル　本体
アウトリガー
進行方向
諏訪正晃選手
写真：エックスワン

パラリンピックでの種目

男女共通
カヤック、ヴァー

「カヤック」と「ヴァー（アウトリガーカヌー）」の2種目があり、どちらの種目も直線200mのタイムを競います。カヤックはパドル（かい）を左右交互にこぎながら進みます。ヴァーは、カヌーの片側にアウトリガーという浮きが張り出しています。選手は浮きと本体のあいだだけをこいで進みます。体幹や脚の機能障がいの程度に応じて、3つのクラスに分かれています。

▲「ヴァー」種目。
片側にアウトリガーとよばれる浮きがついています。そのため、安定性は高くなっています。選手は、浮きと本体のあいだだけをパドルを使ってこぎます。片側だけをこぐので、まっすぐに進むには高い技術力が必要です。

▶「カヤック」種目。
パドルの両側に水をかくためのブレードがついています。パドルを左右交互にかいて、進みます。

パドル　進行方向

ボート　息のあった4人のコックスフォア

つぎの3種類の種目があります。4人のクルー（こぎ手）と、指示を出す1人のコックス（舵手）による「コックスフォア」、2人のクルーによる「ダブルスカル」、1人のクルーによる「シングルスカル」です。

コックスには健常者も認められています。シングルスカル以外の種目は男女いっしょのチームで競技します。選手は障害の程度によって3つのクラスに分けられます。

競技は、ブイとよばれる浮きで仕切られた直線2000mのコースで行われます。ボートの先たんがゴールラインを通過した順で、順位が決まります。

▼コックスフォアは、選手全員で呼吸を合わせてこぐことが重要です。ボートの一番後ろにいるコックスはボートをこぎません。コックスは号令を出すことで、こぎ手のタイミングを合わせる役目をします。

パラリンピックでの種目

男女共通
シングルスカル
男女混合
コックスフォア
ダブルスカル

川上可奈恵選手
神田信選手
西岡利拡選手
鹿沼由理恵選手
・コックス
米川慶一選手

バウ　2番手　3番手　ストローク手　コックス
進行方向
写真：エックスワン

車いすフェンシング　上半身の動きですばやく剣を操る

車いすフェンシング日本選手権大会・国際親善大会(2017年)

写真:エックスワン　加納慎太郎選手

パラリンピックでの種目

男女共通
フルーレ個人、エペ個人
フルーレ団体、エペ団体
サーブル個人

一瞬も目を離すことができないよ。集中力が必要だね。

　車いすの選手が金属製の剣で相手を突いてポイントを競います。選手は「ピスト」という装置で固定した車いすにすわり、上半身だけで戦います。「フルーレ（胴体のみの突き）」、「エペ（上半身の突き）」、「サーブル（上半身の突きと斬り）」の3種目があり、選手は障がいの種類や程度によって2つのクラスに分かれます。すわった姿勢で行うため、健常者のフェンシングのようにフットワークを使うことができません。剣のコントロールとスピードで勝負が決まります。

馬術　人馬一体となった華麗な演技

宮路満英選手　写真:エックスワン

パラリンピックでの種目

男女混合
チャンピオンシップテスト（個人、チーム）
フリースタイルテスト個人

　パラリンピックの馬術競技は、人馬一体となった演技の正確性と芸術性を競い合います。決められた規定演技を行う「チャンピオンシップ」と、選手が自分で選んだ楽曲に合わせて演技を行う「フリースタイル」の2種目があります。
　選手は手足や聴覚の障がいの種類や程度に応じて、5つのクラスに分かれています。選手はジャケットを着て、ヘルメット、乗馬用ブーツ、手袋などを身につけることが義務づけられています。障がいによって、一般に使用される馬具では不自由だったり安全性に問題があったりする場合、改良された「特殊馬具」の使用が認められています。

2章　夏の競技や室内の競技

柔道　組み合ってから試合が開始される

パラリンピックでの種目

男子	女子
60kg級〜100kg超級までの7階級	48kg級〜70kg超級までの6階級

　パラリンピックの柔道は、視覚障がい選手の競技です。視覚障がいの程度別でのクラス分けはなく、オリンピックと同じように体重別に試合を行います。男子は7階級、女子は6階級に分かれています。

　健常者の柔道では2人の選手が離れた状態で試合を開始しますが、視覚障がい者の柔道では、最初からお互いに相手のえりとそでを持ち、組み合ってから試合をはじめます。途中で離れたら、組み直して再開します。また、場外でかけた技も認められています。

第32回全日本視覚障害者柔道大会（2017年）
写真右が女子57kg級優勝の廣瀬順子選手

写真:MA SPORTS/佐山篤

▲両者がお互いに組んでから、主審による「はじめ」の合図で試合がはじまります。ずっと組んだ状態で戦うので技が決まりやすく、残り数秒からの逆転も多いため観客は目が離せません。

組んでいる時間が長いので、体力の消もうが激しいよね。

テコンドー　スピード感あふれる足技に注目

パラリンピックでの種目

男子・女子
種目と対象とする障がいは未定

　テコンドーの攻撃は、おもに「蹴る」ことです。テコンドーは韓国の国技で、古くから朝鮮半島に伝わる武術や中国武術、日本の空手などがもとになっているといわれます。

　選手はヘッドギア、ボディープロテクター、ハンドグローブなどをつけます。キックボクシングのように胴に蹴りが入ったら1点、そこに回転が加わると3点が入ります。またKO負けとなる場合もあります。頭への攻撃は禁止され、パンチは得点になりません。2020年の東京パラリンピックではじめて正式競技になります。

▶キョルギ（組手）の様子。

伊藤力選手（右）

写真:全日本テコンドー協会

射撃　とぎすまされた集中力

瀬賀亜希子選手
写真：エックスワン

射撃は、「ライフル」や「ピストル」を使って的を撃ち、得点を競います。パラ射撃は、空気銃（エア）と火薬銃などの銃の種類、的までの距離、撃ち方などで種目が分かれています。撃ち方には、立って撃つ「立射」と、うつ伏せで撃つ「伏射」があります。車いすの選手は、立射を車いすにすわった状態で、伏射をテーブルにひじをついた状態で行います。選手は、障がいの種類や程度によって「SH1（銃器を自分の腕で保持し射撃する）」か、「SH2（規定のスタンドを用いて銃器を保持し射撃する）」のどちらかのクラスに分けられます。1発の最高点は10点で、最高点をねらうには、エアライフルの場合、的の中心にある直径0.5mmのマークに命中させなければなりません。

パラリンピックでの種目

男女共通	男女混合
10m エアライフル（立射）	10m エアライフル（伏射）
50m エアライフル（3姿勢）	10m エアライフル（立射）
10m エアピストル	50m ライフル（伏射）
	25m ピストル
	50m ピストル

パワーリフティング　一瞬のスピードにかけるベンチプレス

パラパワーリフティングは、下肢（下半身）に障がいのある選手が、ベンチプレスという上半身の力を使ってバーベルを持ち上げる方法で記録を競います。障がいの種類や程度によるクラス分けはありません。

試合は体重別に行われますが、足に切断がある選手はその分、体重が軽くなるため、切断の大きさに応じて一定の重さが体重に加えられます。

選手はあお向けに寝て、バーベルを支えているラックという部分からバーベルをはずします。審判の合図で胸の上に下ろし、バーベルをひじが伸びるまで押し上げます。これを「試技」といいます。3回の試技で、重いバーベルを上げた順に順位がつきます。

シアマンド・ラーマン選手（イラン）の試技。ラーマン選手はリオデジャネイロ・パラリンピックで世界記録310kgを出しました。写真は2017年7月、東京で行われたELEIKO CUPでの試技。

協力：日本パラ・パワーリフティング連盟

パラリンピックでの種目

男子	女子
49kg級～107kg超級までの10階級	41kg級～86kg超級までの10階級

2章　夏の競技や室内の競技

卓球
試合のスピード感や車いす部門の独特な打ち方に注目

パラリンピックでの種目　男女共通　個人、団体

パラリンピックの卓球は、車いす、立位、知的障がいの3つのクラスに分かれています。障がいの種類や程度に応じて一部のルールが変更されています。車いす選手のサービスでは、相手コートでバウンドしたボールがサイドラインを横切った場合にはレット（ノーカウント）となります。また車いすのダブルスは、交互に打たなくてもよくなっています。障がいにより、トスが上げられない場合、自分のコートにワンバウンドさせてからサーブを打つことができます。ラケットをにぎることがむずかしい選手は、ラケットと手をテープなどで固定することができます。知的障がい部門では、健常者と同じルールが適用されています。

写真：エックスワン

写真は別所キミヱ選手。42歳で車いす生活になり、それから卓球をはじめ、パラリンピックに4大会連続出場したんだよ。

日本人初のパラ・金メダリスト

日本のパラリンピック初参加は、1964（昭和39）年の東京大会です。日本人選手が獲得したメダルは、金1、銀5、銅4。パラリンピック初の日本人金メダリストは、車いす卓球ダブルスの渡部藤男さん（当時24歳）と猪狩靖典さん（26歳）でした。

シッティングバレーボール
床におしりをつけてプレー

パラリンピックでの種目　男子　女子

コートの幅　6m
コートの長さ　10m
ネットの高さ（男子）　1.15m

第21回日本シッティングバレーボール選手権（2017年）
写真：MA SPORTS／荒木美晴

シッティングとは英語で「すわったまま」という意味です。床におしりをつけ、すわった姿勢でプレーするバレーボールです。コートは一般のバレーボールよりもせまく、ネットの高さも低く設定されています。サーブ、スパイク、ブロックのときは、おしりを床から離すことはできませんが、レシーブだけは短い時間、床から離すことが認められています（この判断は審判が行います）。

シッティングバレーボールは、戦争で負傷した人たちのリハビリのために、1956（昭和31）年にオランダで誕生しました。

バドミントン ラリーとかけひきに注目

パラリンピックでの種目
男女共通
シングルス、ダブルス
男女混合
ダブルス

車いすバドミントン独特の打ち方だよ。シャトルを打つ瞬間は、胴体の一部が車いすについていなければならないよ。日本代表の長島理選手。

ヒューリック・ダイハツJAPANパラバドミントン国際大会（2017年）

一般と同じ大きさのコートで戦う立位クラスの日本代表、豊田まみ子選手よ。

車いすのシングルスは、バドミントンコートの幅を半分にして、さらにネットとショートサービスラインのあいだもアウトだよ。

ヒューリック・ダイハツJAPANパラバドミントン国際大会（2017年）

一般のバドミントンと同じ大きさのコートを使います。「車いす」クラスと機能障がいなどの「立位」クラスに分かれ、その2つが障がいの程度によりクラス分けされています。車いすシングルスや、立位でも重い障がいのクラスでは、半面のコートを使用します。車いすのクラスのシングルスは半面で行うので、全面コートより攻撃までの時間が速くなります。シャトルの落下点に入る車いすのすばやい操作、正確にシャトルを打つ体勢をとるための技術、相手の配球を読む力も、もとめられます。コートが狭いため戦略的なかけひきも見られます。2020年の東京パラリンピックから正式競技種目となる予定です。

協力：日本障がい者バドミントン連盟

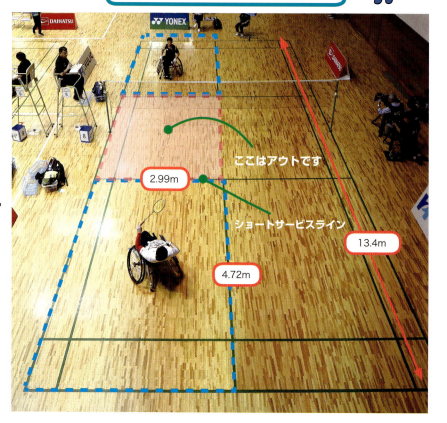

ここはアウトです
2.99m
ショートサービスライン
4.72m
13.4m

2章　夏の競技や室内の競技

車いすテニス

車いすならではのプレースタイルを見る

パラリンピックでの種目

男女共通
シングルス
ダブルス
男女混合
クァードシングルス
クァードダブルス

クァードは、下肢だけでなく、上肢にも障がいのあるクラスです。ラケットを握る力がない選手は、ラケットと手をテープで巻いて固定してもいいことになっています。

国枝さんは、11歳から車いすテニスをはじめたんだって。

◀国枝慎吾選手。2008年北京、2012年ロンドンとパラリンピックのシングルス2連覇達成のパラスポーツ界のレジェンド。

写真：エックスワン

ラケットやルールは、一般のテニスとほとんど変わりありません。ただ、一般のテニスでは2バウンドで返球できませんが、車いすテニスでは、2バウンドまでの返球が認められています。相手の打ったボールが自分のコート内に1バウンドで落ちれば、2バウンド目はコートの外側でもよく、コートの外から打ち返してもかまいません。

テニスの技術もさることながら、同時に前後左右にすばやく、幅広く動き回るために車いすをコントロールする技術（チェアワーク）も重要です。パラアスリートの試合では、車いすに乗っているとは思えないほどのすばやい動きで、ラリーが続いていきます。

●**車いすテニスの競技用車いす**

タイヤは、くるくる回りやすくするために八の字型に開いています。角度があるので、すばやく動くことができるのです。

後ろへの転倒防止のため小さなキャスターが付いています。コートの材質に合わせて取り替えます。

2バウンドさせて打ってもいいんだよ。

背もたれが高いので、寄りかかりやすい。

2つの車いす、どこがちがうのかな？

●一般の車いす

前輪が大きいので安定している

写真：日進医療器株式会社

5人制サッカー

とぎすまされた感覚とかけひき

パラリンピックでの種目 **男子**

第16回アクサブレイブカップ ブラインドサッカー日本選手権(2017年)

ブラインドサッカーともよばれる視覚障がい者の競技です。転がると音が出るボールを使います。アイマスクをつけてピッチを走るフィールドプレーヤー4人とゴールキーパーの5人で1チーム。ゴールキーパーは視覚障がいのない選手または弱視の選手がつとめます。監督と、「コーラー」とよばれるガイドは声を出して選手にボールや相手選手の位置、状況などの情報を伝えます。

ボールを持った相手に立ち向かうときは、「ボイ！」と声をかけます。スペイン語で「行くぞ」という意味です。それをしないとファウルを取られます。選手にとって、ボールの音やコーラーの声は大切な情報です。そのためプレー中は観客も静かに観戦しなければいけません。

プレー中は観客は静かにね。ゴールが決まったときは、大声援を送ろう！

▲転がると音が出るように、ボールの中には、金属球が入っています。

コーラー

コーラー

フェンスの高さ　1m

コートの長さ　40m

コートの幅　20m

▲フットサルと同じサイズのコートです。両サイドに、ボールが出ないようにフェンスが置いてあります。

▲ゴールの後ろには、コーラーとよばれるガイドがいます。ボールの位置やシュートの角度などを選手に伝えます。ゴールを9分割した番号で、シュート方向を選手に伝えることもあります。

写真：日本ブラインドサッカー協会

2章　夏の競技や室内の競技

アーチェリー
プレッシャーを技術とメンタル力ではね返す

リカーブ種目の弓。オリンピックでも使用されている一般的な弓です。

パラリンピックでの種目

男女共通	男女混合
個人リカーブ	団体リカーブ
個人コンパウンド	団体コンパウンド
個人 W1オープン	団体 W1オープン

的までの距離　70m

第46回全国身体障害者アーチェリー選手権大会(2017年)
リオデジャネイロ・パラリンピック日本代表上山友裕選手

リカーブ競技の的は直径122cmなんだよ。

コンパウンド競技の弓。弓の上下に滑車がついているので、小さな力で弓を引くことができます。

滑車

滑車

リオデジャネイロ・パラリンピック日本代表平澤奈古選手
協力：日本身体障害者アーチェリー連盟

　パラリンピックのアーチェリーでは、弓の種類によって種目が分かれています。一般的な「リカーブ」という弓と、滑車の力で矢を遠くまで飛ばすことができる「コンパウンド」という弓の2種類です。選手は障がいの種類や程度によって3つのクラスに分けられます。
　的までの距離は種目によってちがい、「リカーブオープン」が70m、「コンパウンドオープン」と「W1オープン」が50mです。アーチェリーの国際大会の決勝トーナメントは1対1の対戦方式をとります。1射ごとに点数が表示され、観客も得点経過がわかりやすいので盛り上がりますが、選手は集中力を保つのが大変です。

オリンピックにも出場したパラリンピアン

　イランのザーラ・ネマティ選手は、2012（平成24）年ロンドン・パラリンピックのアーチェリー女子リカーブで優勝しました。イランの女子選手が、オリンピック・パラリンピックを通じて初めての金メダルという快挙でした。ネマティ選手は、2016年のリオデジャネイロ大会ではオリンピックとパラリンピックの両方に出場しました。

第3章では、冬シーズンに行われるおもな競技を紹介します。

アルペンスキー 「計算タイム制」で公平に競う

アウトリガー
チェアスキー

パラリンピックでの種目
男女共通
ダウンヒル（滑降）
スーパーG（スーパー大回転）
ジャイアントスラローム（大回転）
スラローム（回転）
スーパーコンバインド（複合：スーパーG+スラローム）

● チェアスキー

座位のカテゴリーの選手は、チェアスキーを使用します。ダウンヒルや、スーパーGでは100kmをこえる速度が出るため、チェアスキーは選手の身体に合わせて作られています。

森井大輝選手
写真：エックスワン

足が動かないように固定するフットレスト
シート
人間のひざのような役割をするサスペンション

アルペンスキーは、スピード系種目のダウンヒル、スーパーG、ターン技術系種目のジャイアントスラローム、スラローム、スーパーGとスラローム1本ずつの合計タイムで順位を決めるスーパーコンバインドの5種目があります。立ってすべる選手（立位）、座ってすべる選手（座位）、視覚障がいのある選手の3つのカテゴリーに分かれます。さらに3つのカテゴリーごとに、障がいの程度により、クラスが分けられます。

勝敗は、すべったタイムに障がいの程度に応じて設定されている係数をかけた「計算タイム」で決まります。

（例）「計算タイム」の出し方

	A選手	B選手
係 数	0.9	0.7
障がいの程度の比較	軽い	重い

障がいの程度が軽いと、係数は大きくなります

	実タイム	係数		「計算タイム」
A選手	80秒	0.9	→	80秒 × 0.9 = **72秒**
B選手	90秒	0.7		90秒 × 0.7 = **63秒**

実際のタイムはA選手の方が速かったけど、「計算タイム」では、B選手の方が速くなるんだね。

● アウトリガー

カフ
グリップ

選手はグリップを握り、カフを腕に巻きつけます。ストックよりもバランスがとりやすくなっています。

写真：日進医療器株式会社

3章　冬の競技

クロスカントリースキー　雪原を限界までスキーで走る

新田佳浩選手
写真:エックスワン

パラリンピックでの種目

男女共通
スプリント、クラシカル、フリー
男女混合
ミックスリレー、オープンリレー

●クラシカル
スキーを左右平行に保ちながら2本のシュプール上をすべる走法

●フリー
スキーを逆八の字に開いてキックする。スケーティング走法など自由な走法

　クロスカントリースキーは、スプリント、クラシカル、フリー、リレーの各種目があります。選手は立位、座位、視覚障がいの3カテゴリーに分かれます。さらに3つのカテゴリーごとに、障がいの程度により、クラスが分けられます。勝敗は、すべったタイムに障がいの程度に応じて設定されている係数をかけた「計算タイム」で決まります。

バイアスロン　速く走り、気持ちを集中して撃つ

　バイアスロンはクロスカントリースキーと射撃を合わせた競技です。パラリンピックでは、距離別にショート、ミドル、ロングの3種目が行われます。ショートとミドルは射撃で的を外した回数だけペナルティループというコースを回ります。ロングは的を1発外すごとにタイムに1分加算されます。選手は立位、座位、視覚障がいの3つのカテゴリーに分けられます。
　射撃は、すべて伏せた状態で撃つ伏射となります。立位と座位の選手はエアライフル、視覚障がいの選手は音で的の位置がわかるビームライフルを使用します。勝敗は、すべったタイムに障がいの程度に応じて設定されている係数をかけた「計算タイム」で決まります。

パラリンピックでの種目

男女共通
ショート
ミドル
ロング

写真:撮影者:堀切功

パラアイスホッケー

氷の上の格闘技。数秒で得点も

パラリンピックでの種目
男女混合

世界選手権（2016年）

フェンスにぶつかっているね。激しい競技だなあ。

スレッジの下には2枚のブレード（刃）がついています。

パックをコントロールしたり打ったりするときは、スティックの反対側を使います。

脚に障がいがある選手が「スレッジ」とよばれる専用のそりに乗って行います。スレッジの下には、スケートのようにブレード（刃）がついています。

選手は短いスティックを両手に持ち、進んだり方向を変えたりします。また、スティックの上下を持ち替えて、反対側でパック（アイスホッケー用の球）を打ってパスやシュートをします。

選手が激しくぶつかり合うボディチェックが、許されている競技です。転倒したり、ときにはスティックが折れたりすることもあるほどです。

一般のアイスホッケーと同じように選手交代を自由にできます。リンクの大きさも、長さ60m×幅30mで、一般といっしょです。試合は1ピリオド15分で3ピリオド合計45分で行います。

スティック

スティックの先端は、氷にひっかかるように、先がとがっています。

パックは、硬いゴムでできています。
直径 7.62cm
厚さ 2.54cm
重さ 156～170g

ゴールの幅　1.83m
ゴールの高さ　1.22m

協力：一般社団法人日本パラアイスホッケー協会／JPIHA
写真：小金澤周平／公益財団法人苫小牧市体育協会

3章　冬の競技

車いすカーリング
氷の上での頭脳戦、支える技術

パラリンピックでの種目　男女混合

1チーム4人で。必ず男女混合でなければなりません。

　車いすカーリングは、オリンピックでのカーリングとちがって助走することなく、手またはデリバリー・スティック（棒状の補助具）を使ってストーンを投球します。また、ブラシではくスウィーピングはできません。

　試合は対戦形式で、1チームは4名、男女混合にしなければいけません。1試合は8エンド制で、1エンドにつき各選手が2つのストーンを交互に1投ずつ投げ、計16個のストーンすべてを投げ終わった段階で、ハウスの中央に、より近くストーンをよせたチームに得点が入り、相手のストーンより内側にあるストーンの合計数がそのエンドの得点となります。これを8エンド繰り返し、総得点で勝敗を決めます。（オリンピックでは10エンド制です）。

ストーンは、20kgもあるんだ。重いんだね。

車いすが動かないように、味方の選手がおさえることが認められています。

デリバリー・スティックを使って投球することができます。

ストーン

写真:MA SPORTS/吉村もと
協力:一般社団法人日本車いすカーリング協会

スノーボード
ターンテクニックとスピード感を楽しむ

パラリンピックでの種目
男女共通
スノーボードクロス、バンクドスラローム

　スノーボードクロスとバンクドスラロームの2つの種目があります。切断やまひなどで脚や手や腕に障がいのある立位の選手が、障がいの種類や程度によってクラス分けされます。

　スノーボードクロスは、予選で各選手が1人ずつ3本すべり、一番速いタイムの結果で決勝に進出が決まります。決勝ラウンドは2名1組の選手が対戦し、勝った方が次に進出するトーナメント方式です。

　バンクドスラロームは、斜度があるカーブ「バンク」に設けられた旗門をクリアしながらタイムを競います。各選手が1人ずつ同じコースを3回すべり、一番速いタイムの結果で順位が決まります。コース上には旗門が立っていて、規定どおりに旗門を通過してゴールしたタイムを競います。

すごいバランス感覚だね。

スノーボードクロス。成田緑夢選手（右）。
平昌パラリンピックプレ大会（2017年）

写真:エックスワン

サポーターの役わりを知ろう

　障がい者スポーツの主人公は選手ですが、選手を支える大事な脇役がサポーターやボランティアです。選手の手足や目となって競技をサポートする、車いすの乗り降りの補助、大会の当日の受付や参加者の案内など、さまざまな役わりがあります。多くの市町村では、障がい者スポーツについての講習会などを実施していて、この講習会に参加することでサポーターやボランティア登録ができます。

サポーターの例

陸上競技　→ P.10「陸上競技」

手をたたいて、選手に、方向を教えているんだね。

ガイドランナー

　ガイドランナーは、視覚障がいの選手とひもをにぎりあって、声をかけ、選手を誘導します。選手と同じように走るので、高い競技力も、もとめられます。

ガイドランナーは選手より先にゴールしてはいけないんだよ。

コーラー

　コーラーは、視覚障がいの選手に、ふみ切りの位置や投げる方向を教えます。

協力：一般社団法人日本パラ陸上競技連盟

水泳　→ P.11「水泳」

スタートでの補助

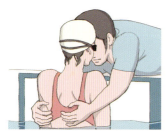

　両腕がなかったり、スターティンググリップを握ることができない選手のために、コーチは選手の体を固定します。コーチは、スタートの合図で選手を開放します。

　片足（両足）や両腕がなくて、スタート台の上で静止することがむずかしい選手もいます。この場合コーチがサポートする形でのスタートが認められています。

プールへの入退水での補助

　障がいの程度が重い選手は、サポートを受けることで、安全にプールに入ったり、出たりすることができます。また、車いすの乗り降りのサポートもスタッフの仕事です。

大会ボランティアをやってみよう

大会ボランティア

▶受付で大会プログラムなどをくばる。

※パンフレットには、競技や選手の紹介、見どころなどが書かれているので、役に立ちます。

◀トイレや売店などの案内をする。

▲車いす席など観客席への案内。

◀ゴミの回収をする。

4章　障がい者スポーツの現在と未来

体験しよう、障がい者スポーツ

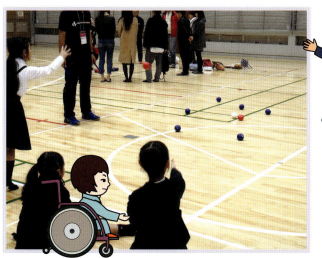
▲ボッチャの体験 → P.18「ボッチャ」

▲ウィルチェアーラグビー。　→ P.22「ウィルチェアーラグビー」
日本代表池崎大輔選手とタックルの体験

▲ゴールボールの体験
→ P.16「ゴールボール」

▲ブラインドサッカーのバーチャル体験 → P.32「5人制サッカー」

◀ハンドバイクは、手でこぐ3輪の自転車です。下半身に障がいのある人のリハビリや、サイクリングなどに使われます。欧米で広まりました。

協力：宇賀神溶接工業所

▲ハンドバイクの体験

▲ブラインドサッカーやゴールボールなどの試合中、観客は声を出してはいけません。大会主催者は、写真のようなラジオを観客に貸し出し、試合の実況中継やルールの説明をするようなサービスも行っています。

タックルいくよ！

自分が実際の試合に出ているような体験ができるんだって。やってみたいなあ。

このラジオを使うと選手の名前やルールがよくわかるね。

楽しそうだね。ハンドグリップを前にこぐと進み、後ろにこぐとブレーキがかかるんだって。

写真：kickoffplus

海外からパラアスリートをむかえる

　バリアフリーとは、お年よりや小さな子ども、体の不自由な人の生活に障がいとなることをとりのぞくことです。障がい者スポーツのためのスポーツ施設が多くつくられ、また障がい者のスポーツ大会が広がって行くことは、社会のバリアフリー化につながっていくと思われます。街の施設や学校や体育館などがバリアフリーになっているかを調べて、どうしたらバリアフリーが広がるのか考えることも大切です。

　上の写真の黄色の点線で囲まれた部分は、車いす席となっています。低いところまでガラス張りになっています。車いすに乗った人もよく見えるので、試合を十分に楽しむことができます。しかし、両側の観客席には、車いす専用席はありません。段差があるので、どうしてもスロープやエレベーターの設置が必要になり、費用がかかってしまうからです。日本の多くの競技場には、車いす専用席が不足しています。2020年の東京パラリンピックに向けて、国際パラリンピック委員会（IPC）は、競技会場の車いす席を増やすよう、大会組織委員会にもとめています。

　選手の側からも問題点があります。たとえば車いすバスケットボールやウィルチェアーラグビーは、車いすがたおれてしまうほどの激しい競技です。床や壁を傷つけるなどの理由で、大会会場はもとより練習場をさがすのがたいへんです。トイレやシャワーなどの施設も十分とはいえません。リオデジャネイロ大会以後、車いすバスケットやラグビーの人気が高まり、障がい者スポーツ専用体育館などの建設もはじまっています。また、自社の体育館を障がい者スポーツのために開放する企業も出てきています。オリンピックやパラリンピック成功のためには、スポーツ施設のバリアフリー化を進めるだけでは不十分です。社会全体のバリアフリー化をめざすことも大切です。

前に他の観客がいないし、試合がよく見えるよ。

写真：町田市立総合体育館

　東京パラリンピックに向けて、障がいのある人が利用しやすいホテルがもとめられています。2006年にできたバリアフリー法では、車いすなどに対応した客室の設置をホテルに義務化しましたが、その規定は「50室以上ある宿泊施設で1室以上」というものでした。現在、日本のホテルのバリアフリー化はあまり進んでいません。

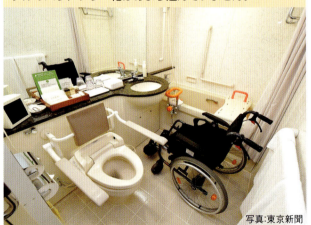

写真：東京新聞

▲車いす対応のバリアフリー客室。客室に段差はなく、浴室も引き戸で、車いすに乗ったまま浴室に入れます。また、この客室は、ろうか側からノックすると部屋の照明が点滅し、聴覚障がいがある人に来客などを知らせます。

協力：京王プラザホテル

4章　障がい者スポーツの現在と未来

バリアフリーチェック班

自分の住んでいる街や学校などのバリアフリー度を調べてみましょう。
[持ち物]　筆記用具、ノート、メモ帳、カメラ、水筒など
　公的な場所を調べるときは、前もって先生や保護者をとおして連絡しておきましょう。
また、危険な場所へは絶対に立ち入らないこと。

駅の中や、駅の近くを調べてみたよ。
▲駅のホームに転落防止用のホームドアがあると人身事故が少なくなる効果があります。

転落防止のホームドアが設置されていないね。目の不自由な人は危ないね。

写真:PIXTA
▲階段に車いす用の昇降機がついています。

改札口のそばに、エレベーターがあって便利だよ。
車いすでも通れる改札口はあるかな？
▲車いすでも通れる改札口が必要です。

駅からエレベーターまで、点字ブロックが続いているね。
▲点字ブロックが設置されていると、目が不自由な人も目的の場所に行きやすくなります。

階段の手すりに、点字が書かれているよ。
▲駅などの行き先を案内しています。
写真:kickoffplus

スロープがあると車いすでの通行ができるね。

▲街にある段差を調べてみましょう。

41

地図
全国の障がい者スポーツ大会

滋賀県
第3回びわ湖トライアスロン in 近江八幡（近江八幡市）

京都府
第15回日本車椅子ハンドボール競技大会（京田辺市）
2017年車いすフェンシング日本選手権大会・国際親善大会（京都市）
障害者シンクロナイズドスイミングフェスティバル（京都市）
第28回全国車いす駅伝競走大会（京都市）

大阪府
第4回日本ID陸上競技ユース選手権大会（豊中市）
OSAKA EKIDEN in 長居兼第20回全国視覚障がい者駅伝大会（大阪市）
第19回日本ボッチャ選手権大会（大阪市）

兵庫県
第21回日本シッティングバレーボール選手権大会（神戸市）
第25回全国障がい者馬術大会（三木市）
第25回全国身体障害者野球大会（神戸市）
第19回全日本身体障害者野球選手権大会（豊岡市）
第29回全国車いすマラソン大会（篠山市）
第14回全日本障がい者ローンボウルズ選手権大会（明石市）

鳥取県
第29回鳥取さわやか車いす＆湖山池マラソン大会（鳥取市）

岡山県
第30回岡山吉備高原車いすふれあいロードレース（吉備中央町）

広島県
第18回西日本シッティングバレーボール選手権大会（東広島市）

島根県

愛媛県

山口県

福岡県
JAPAN OPEN2017（第33回飯塚国際車いすテニス大会）（飯塚市）
第37回ジャパンオープン・パラ卓球選手権大会（福岡市）

佐賀県

長崎県
第3回日本障がい者バドミントン選手権大会（大村市）

熊本県

大分県
別府大分毎日マラソン大会兼第17回日本視覚障がい男子マラソン選手権大会（大分市／別府市）
第37回大分国際車いすマラソン大会（大分市）

高知県

香川県

徳島県

宮崎県

鹿児島県

沖縄県
第20回バリアフリーダイビング全国大会（那覇市）

和歌山県

奈良県

三重県
第1回JDTA選手権大会（鈴鹿市）

愛知県
第4回理事長杯全日本デフバスケットボール選手権大会（長久手市）
名古屋ウィメンズホイールチェアマラソン2017（名古屋市）
第12回名古屋オープンボウルズ2017（名古屋市）
第30回日本車椅子ツインバスケットボール選手権大会（小牧市）

富山県

石川県

福井県
⑱ 2018

4章　障がい者スポーツの現在と未来

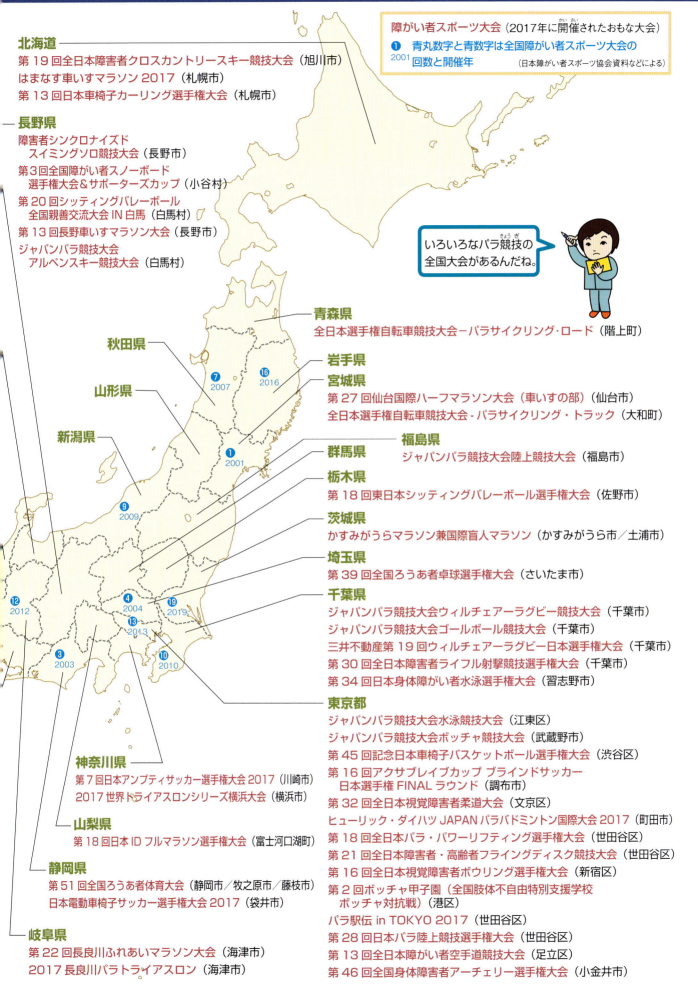

障がい者スポーツ大会（2017年に開催されたおもな大会）
❶ 青丸数字と青数字は全国障がい者スポーツ大会の
2001　回数と開催年　（日本障がい者スポーツ協会資料などによる）

いろいろなパラ競技の全国大会があるんだね。

北海道
第19回全日本障害者クロスカントリースキー競技大会（旭川市）
はまなす車いすマラソン2017（札幌市）
第13回日本車椅子カーリング選手権大会（札幌市）

長野県
障害者シンクロナイズド
　スイミングソロ競技大会（長野市）
第3回全国障がい者スノーボード
　選手権大会＆サポーターズカップ（小谷村）
第20回シッティングバレーボール
　全国親善交流大会IN白馬（白馬村）
第13回長野車いすマラソン大会（長野市）
ジャパンパラ競技大会
　アルペンスキー競技大会（白馬村）

青森県
全日本選手権自転車競技大会－パラサイクリング・ロード（階上町）

秋田県
山形県
新潟県

岩手県
宮城県
第27回仙台国際ハーフマラソン大会（車いすの部）（仙台市）
全日本選手権自転車競技大会-パラサイクリング・トラック（大和町）

福島県
ジャパンパラ競技大会陸上競技大会（福島市）

群馬県
栃木県
第18回東日本シッティングバレーボール選手権大会（佐野市）

茨城県
かすみがうらマラソン兼国際盲人マラソン（かすみがうら市／土浦市）

埼玉県
第39回全国ろうあ者卓球選手権大会（さいたま市）

千葉県
ジャパンパラ競技大会ウィルチェアーラグビー競技大会（千葉市）
ジャパンパラ競技大会ゴールボール競技大会（千葉市）
三井不動産第19回ウィルチェアーラグビー日本選手権大会（千葉市）
第30回全日本障害者ライフル射撃競技選手権大会（千葉市）
第34回日本身体障がい者水泳選手権大会（習志野市）

東京都
ジャパンパラ競技大会水泳競技大会（江東区）
ジャパンパラ競技大会ボッチャ競技大会（武蔵野市）
第45回記念日本車椅子バスケットボール選手権大会（渋谷区）
第16回アクサブレイブカップ　ブラインドサッカー
　日本選手権FINALラウンド（調布市）
第32回全日本視覚障害者柔道大会（文京区）
ヒューリック・ダイハツJAPANパラバドミントン国際大会2017（町田市）
第18回全日本パラ・パワーリフティング選手権大会（世田谷区）
第21回全日本障害者・高齢者フライングディスク競技大会（世田谷区）
第16回全日本視覚障害者ボウリング選手権大会（新宿区）
第2回ボッチャ甲子園（全国肢体不自由特別支援学校
　ボッチャ対抗戦）（港区）
パラ駅伝 in TOKYO 2017（世田谷区）
第28回日本パラ陸上競技選手権大会（世田谷区）
第13回全日本障がい者空手道競技大会（足立区）
第46回全国身体障害者アーチェリー選手権大会（小金井市）

神奈川県
第7回日本アンプティサッカー選手権大会2017（川崎市）
2017世界トライアスロンシリーズ横浜大会（横浜市）

山梨県
第18回日本IDフルマラソン選手権大会（富士河口湖町）

静岡県
第51回全国ろうあ者体育大会（静岡市／牧之原市／藤枝市）
日本電動車椅子サッカー選手権大会2017（袋井市）

岐阜県
第22回長良川ふれあいマラソン大会（海津市）
2017長良川パラトライアスロン（海津市）

43

チャレンジ！パラスポーツクイズ

1 パラリンピックのもとになったストーク・マンデビル大会。大会が開催された国は？
A．ドイツ
B．アメリカ
C．イギリス

2 2016年のリオデジャネイロ・パラリンピックに参加した選手の数は？
A．約400人
B．約4000人
C．約40000人

3 日本でのパラリンピックは1964年の東京と、その後もうひとつの都市で開催。どこ？
A．大阪
B．札幌
C．長野

4 オリンピックとパラリンピックが、同じ都市で開催されるようになったのはいつから？
A．1976年
B．1988年
C．2016年

5 1981年の国際障害者年を記念し、「車いすだけのマラソンの国際大会」が開催された都市は？
A．東京
B．広島
C．大分

6 車いすマラソンのトップ選手の42.195kmの記録は、何時間何分台？
A．1時間20分台
B．2時間20分台
C．3時間30分台

7 陸上競技で使われる義足で、板バネ足部の素材は何？
A．アルミ
B．カーボンファイバー
C．ステンレス

8 水泳で視覚障がいのある選手に、ゴールやターンのタイミングを知らせるのは？
A．笛でコール
B．手拍子
C．タッピング

9 車いすバスケットボールで、コート上にいるのは1チーム何人？
A．4人
B．5人
C．6人

10 車いすバスケットボールで、トラベリングの反則になるのはどれ？
A．ボールを保持して3回車いすをまわす
B．ボールを保持して2回車いすをまわす
C．ボールを保持しないでドリブルする

11 ゴールボールのボールの重さは、バスケットボールとくらべてどうかな？
A．バスケットボールと同じ
B．バスケットボールの方が重い
C．バスケットボールの方が軽い

12 ボッチャでこの得点は？
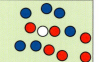
A．赤2点　青1点
B．赤3点　青1点
C．赤2点　青0点

13 ボッチャの試合で、アシスタントは選手に戦術などの指示ができる？
A．指示できる
B．1度だけ指示できる
C．一切指示できない

14 ウィルチェアーラグビーのルールでは、一般のラグビーのようにタックルが認められている？
A．認められている
B．認められていない
C．1試合3回まで認められている

15 トライアスロンで行われる順番はどれ？
A．スイム→ラン→バイク
B．ラン→バイク→スイム
C．スイム→バイク→ラン

難問ばかりだけれど、すべてこの本のなかに書かれていることばかり。挑戦してみてね。
答えは、47ページにあります。

16 この絵の種目は？

A. ボート
B. ヴァー
C. カヤック

21 車いすテニスでルール上認められている返球は、何バウンドまで？
A. 1バウンド
B. 2バウンド
C. 3バウンド

26 カーリングのストーンの重さは？
A. 約5kg
B. 約10kg
C. 約20kg

17 テコンドーは「蹴る」ことがおもな攻撃。この競技を国技とする国は？
A. 韓国
B. ブラジル
C. ロシア

22 5人制サッカーで観客が試合中に声を出すのは禁止。同じように声を出してはいけないのは？
A. シッティングバレーボール
B. ゴールボール
C. ボッチャ

27 パラアイスホッケーのルールで認められているのはどれ？
A. 選手交代は3人まで
B. 選手交代は自由
C. キーパーのみ交代できる

18 リオデジャネイロ大会のパワーリフティング、スーパーヘビー級ラーマン選手（イラン）の記録は？
A. 110kg
B. 210kg
C. 310kg

23 5人制サッカーで守備に向かう選手が相手選手にかける言葉「ボイ」は何語？
A. イタリア語
B. ドイツ語
C. スペイン語

28 陸上競技の走り高跳びで視覚障がいの選手のための「コーラー」の役目は？
A. 手をたたきふみ切り位置を知らせる
B. ひもをにぎりあい一緒に走る
C. 車いす「レーサー」を調整する

19 日本選手がパラリンピックで初めて金メダルを獲得した競技は？
A. 車いすテニス
B. 卓球
C. 柔道

24 障がい者スポーツのアーチェリーの種目で、的まで一番遠いのは
A. 40m
B. 70m
C. 110m

29 車いすの利用者や介護者などが、使いやすい戸のかたちはどれがいい？
A. 開き戸（中へ開く）
B. 引き戸
C. 開き戸（外へ開く）

20 一般のバドミントンにくらべて、車いすバドミントンのシングルスコートの大きさは？
A. コートの半面
B. 同じ
C. コートの3分の1

25 バイアスロン競技の組み合わせはどれ？
A. クロスカントリーと射撃
B. 射撃とスピードスケート
C. スキージャンプと射撃

30 点字ブロックは、おもにどのような人のためのもの？
A. 車いすを使う人
B. 耳の不自由な人
C. 目の不自由な人

さくいん

青字はスポーツ競技・種目名

あ

アーチェリー …………… 4, 6, 33
アイスホッケー ……………… 36
アイススレッジスピードレース …6
アイススレッジホッケー ………6
アイパッチ ……………………… 17
アイマスク ……………………… 32
アウトリガー ………………… 25, 34
脚（足）…………………12, 36, 37
アシスタント …………………… 21
アルペンスキー ……………… 6, 34
板バネ足部 …………………… 10
猪狩靖典 …………………… 29
ヴァー …………………………… 25
ウィルチェアーラグビー …………
　　　………… 6, 7, 22, 23, 39
ウェットスーツ ………………… 24
エアライフル …………… 28, 35
エペ ……………………………… 26
エレベーター ……………… 40, 41
大分国際車いすマラソン ……… 9
オリンピック ………6, 7, 37, 40

か

カーボンファイバー …………… 9
カーリング ……………………… 37
ガイドランナー …………… 9, 38
下肢 …………………… 13, 28
下半身 ………………… 12, 28
カヌー ………………… 6, 25
カヤック ……………………… 25
観客 ………………17, 32, 39
韓国 …………………………… 27
関節可動域制限 ………………8
キーエリア …………………… 22
義手 …………………… 9, 10
義足 …………………… 9, 10
脚長差 …………………………8
キョルギ ……………………… 27
筋力 …………………… 8, 13
グットマン（ルードヴィッヒ）4, 8
国枝慎吾 ……………………… 31
クラシカル …………………… 35
クラス 19, 21, 24, 26, 30, 34
クラス分け …………………
　　　8, 10, 11, 13, 28, 37
車いす ………… 9, 10, 12, 14,

　　15, 23, 26, 29, 30, 31, 40
車いすカーリング ………… 6, 37
車いす専用席 …………… 40
車いす卓球 …………………… 29
車いすテニス …………… 6, 31
車いすバスケットボール …………
　　………… 6, 7, 12, 14, 15
車いすフェンシング ……… 6, 26
車いすマラソン ………………… 9
クロスカントリースキー … 6, 35
計算タイム ………………… 34, 35
健常者…8, 10, 24, 26, 27, 29
攻撃 ………………15, 23, 27
香西宏昭 ………………… 14
コート …………… 12, 16, 18,
　　21, 22, 29, 30, 31, 32
コーラー ………… 9, 32, 38
ゴールボール ……… 6, 16, 39
国際手話 ………………………5
国際障害者年 ………………… 9
国際パラリンピック委員会（IPC）
　　　…………………… 5, 40
国際ろう者スポーツ委員会 ……5
五種競技 ………………………4
コックスフォア ………… 25
5人制サッカー ……… 6, 32
コントロール ………… 31, 36
コンパウンド ………………… 33
こん棒投げ ……………………4

さ

サーブル …………………… 26
座位 ………………… 34, 35
サポーター ………… 9, 38
視覚障がい… 5, 8, 9, 11, 16,
　　24, 27, 32, 34, 35, 38
四肢 …………………… 22
シッティングバレーボール…6, 29
自転車 ………………… 6, 24
ジャイアントスラローム ……… 34
弱視 …………………………… 32
射撃 ……………… 6, 28, 35
ジャックボール ……… 19, 20
自由形 ………………… 11
シュート …………………… 36
柔道 …………………… 6, 27
シュートチャンス …………… 14

シュートディフェンス ………… 14
守備 …………………15, 16, 23
障がい者スポーツ …………………
　　　4, 8, 12, 39, 40
上肢 …………………………… 31
上半身 …………13, 26, 28
水泳 …………………… 4, 6, 11
スイム …………………… 24
スウィーピング …………… 37
鈴の音 …………… 16, 17
スーパーコンバインド ……… 34
スーパーG ………………… 34
スタンディングバレーボール ……6
スティック ………… 36, 37
ストーク・マンデビル大会 … 4, 5
ストーク・マンデビル病院 … 4, 8
ストーン ………………… 37
スヌーカー ………… 4, 6
スノーボード ………… 6, 37
スノーボードクロス ………… 37
スプリント ………………… 35
スラローム ………………… 34
スレッジ …………… 36
スローイングボックス ……… 19
スロープ …………… 40
セーリング ………………… 6
背泳ぎ ………………… 11
接触プレー ………… 14
切断……… 5, 8, 9, 24, 28, 37
戦術 …………………… 18
戦略 …………………19, 20, 30

た

ダーチェリー …………… 4, 6
第1回大分県身体障害者体育大会8
体重別 ………… 27, 28
タイヤ ………………… 12, 31
太陽の家 …………… 8
ダウンヒル …………… 34
卓球 ……………… 4, 6, 29
タックル ………………… 23
タッチ …………………… 11
タッピング ………… 11
ダブルドリブル ………… 15
男女混合 ………… 22, 37
タンデム自転車 …………… 24
チェアスキー …………… 34

46

知的障がい……………… 8, 29
聴覚障がい……………… 5, 26
跳躍…………………………… 8, 9
低身長……………………………8
ディフェンス…………… 14, 17
テコンドー……………………27
デフリンピック…………………5
デリバリー・スティック……… 37
点字ブロック…………………41
転倒…………………… 13, 36
転倒防止………………………31
転落防止………………………41
東京パラリンピック………………
　　7, 8, 9, 21, 27, 29, 30, 40
投てき……………………… 8, 9
豊田まみ子……………………30
トライアスロン………………24
トラック競技……………………8
トラック………………………24
トラックレバー………………10
トラベリング…………………15
トランジション………………24

な

長島理……………………………30
長野市……………………………6
中村裕……………………………8
ネマティ（ザーラ）……………33
脳性まひ……………… 5, 8, 19
脳性麻痺者7人制サッカー ………6

は

バーチャル……………… 15, 39
バイアスロン…………… 6, 35
バイク…………………………24
パイロット……………………24
バウンド……… 16, 17, 29, 31
馬術……………………… 6, 26
バスケットボール……… 4, 17
バタフライ……………………11
八の字…………………12, 31, 35
バックピック…………………15
走り幅跳び………………………9
バドミントン…………………30
パドル…………………………25
パラアイスホッケー…………36
パラプレジア……………………7

パラリンピック… 4, 6, 8, 12,
　　16, 26, 27, 29, 33, 35, 37
バランス……… 14, 24, 34, 37
バリアフリー…………… 40, 41
パワーリフティング……… 6, 28
バンクドスラローム……………37
反則………… 15, 17, 19, 22
ハンドバイク…………… 24, 39
ハンドリム……………………10
バンパー………………………13
引き戸…………………… 40, 41
膝継ぎ手………………………10
ピスト…………………………26
ピストル………………………28
平昌パラリンピック……………6
平泳ぎ…………………………11
廣瀬隆喜………………………21
フェイント……………………16
フェスピック……………………8
フェンシング……………………4
伏射…………………… 28, 35
藤本怜央………………………14
プッシュ………………………15
フットサル……………………32
ブラインドサッカー……… 32, 39
フリー…………………………35
フリースタイル………………26
フルーレ………………………26
別所キミヱ……………………29
ベンチプレス…………………28
ボイ……………………………32
砲丸投げ………………… 4, 10
ボート…………………… 6, 25
ボード…………………………17
ホームドア……………………41
ボッチャ…… 6, 18, 19, 20, 39
ボディバランス……… →バランス
ボランティア…………………38

ま

的………………………28, 33, 35
目かくし………………………16
持ち点…………………13, 15, 22

や

山田拓朗………………………11
山本篤……………………………9

やり投げ………………… 4, 10

ら

ライフル………………… 28, 35
ラーマン（シアマンド）……… 28
ラン……………………………24
ランプ…………………………21
リオデジャネイロ大会…5, 6, 7,
　　9, 11, 14, 21, 22, 24, 33, 40
リカーブ………………………33
陸上競技………………… 6, 10
立位……………30, 34, 35, 37
立射…………………………28
リハビリ…………… 4, 29, 39
リンク…………………………36
レーサー………………… 9, 10
レスリング………………………6
ロード…………………………24
ローマ大会……………… 6, 12
ローンボウルズ…………………6

わ

渡部藤男………………………29

44-45ページ
チャレンジ！パラスポーツクイズの答え

問題の内容は、かっこの中のページに書いてあります。

問1 C（p.4）	問16 C（p.25）
問2 B（p.5）	問17 A（p.27）
問3 C（p.6）	問18 C（p.28）
問4 B（p.6）	問19 B（p.29）
問5 C（p.9）	問20 A（p.30）
問6 A（p.9）	問21 B（p.31）
問7 B（p.10）	問22 B（p.17）
問8 C（p.11）	問23 C（p.32）
問9 B（p.12）	問24 B（p.33）
問10 A（p.15）	問25 A（p.35）
問11 C（p.17）	問26 C（p37）
問12 C（p.20）	問27 B（p.36）
問13 C（p.21）	問28 A（p.38）
問14 A（p.23）	問29 B（p.40）
問15 C（p.24）	問30 C（p.41）

監修：中西哲生（なかにし・てつお）
1969年、愛知県出身。スポーツジャーナリスト、サッカー解説者。元プロサッカー選手。
「サンデーモーニング」（ＴＢＳ）「中西哲生のクロノス」（TOKYO FM等JFN系列）な
どテレビ・ラジオで活躍中。著書に『不安定な人生を選ぶこと』『新・キックバイブル』（い
ずれも、幻冬舎）『日本代表がＷ杯で優勝する日』（朝日新聞出版）、共著書に『魂の叫び
Ｊ２聖戦記』（金子達仁・戸塚啓共著、幻冬舎文庫）『ベンゲル・ノート』（戸塚啓共著、
幻冬舎）など。

執筆グループ
千田 善（ちだ・ぜん）
1958年、岩手県出身。国際ジャーナリスト。イビツァ・オシム氏のサッカー日本代表監
督就任にともない専任通訳を務める。著書『ユーゴ紛争』（講談社現代新書）、『ワールドカッ
プの世界史』『オシムの伝言』（いずれも、みすず書房）、『ユーゴ紛争はなぜ長期化したか』
（勁草書房）『世界に目をひらく』（岩崎書店）など。

西戸山 学（にしとやま・がく）
1951年、大分県出身。出版社勤務を経て、フリーライター。歴史・地理関係の書籍執筆。
著書『行基と大仏』（岩崎書店）など。

小松卓郎（こまつ・たくお）
1961年、北海道出身。おもに歴史・スポーツ・医学・宗教関係の編集人として書籍出版多数。

デザイン
本文／柳 裕子　表紙／村口敬太（スタジオダンク）

イラスト・図版
柳 裕子　板垣真誠　木川六秀

企画・編集・制作
キックオフプラス（小松亮一　すずきしのぶ）　倉部きよたか

写真提供・協力
カバー・表紙：左…朝日新聞社　右…（一社）日本車いすバスケットボール連盟
本扉：kickoffplus

スポーツでひろげる国際理解
⑤知ろう・やってみよう障がい者スポーツ

2018年3月　初版第1刷発行
監修者　中西哲生
発行者　水谷泰三
発行所　株式会社文溪堂

〒112-8635　東京都文京区大塚3-16-12
　　　　ＴＥＬ　営業（03）5976-1515　編集（03）5976-1511
　　　　ホームページ　http://www.bunkei.co.jp
印刷・製本　図書印刷株式会社
乱丁・落丁は郵送料小社負担でおとりかえいたします。定価はカバーに表示してあります。
©Tetsuo Nakanishi & BUNKEIDO Co.,Ltd　2018　Printed in Japan
ISBN978-4-7999-0260-8　NDC780　48p　293×215mm

スポーツのグローバリゼーションと
ナショナリズムがわかると、
世界がわかる！

スポーツでひろげる国際理解（全5巻）
監修：中西哲生（スポーツジャーナリスト）

● スポーツを多角的な視点から紹介し、その力について考えてもらうシリーズ。スポーツの歴史がまとまって解説してあり、調べ学習のテーマとしても役立ちます。

● 2018年のサッカー、2019年のラグビーの各ワールドカップ、2020年の東京オリンピック・パラリンピック…と次々と開かれるビッグイベントでの国際交流のヒントがいっぱい。

● スポーツの楽しい面はもとより、スポーツの人種差別の歴史や、現在でも問題になっているヘイト問題など、今日的な課題も取り上げ、それをスポーツの側からどうのりこえていくか…子どもたちに考えてもらう内容です。

● オリンピック・パラリンピックをはじめとするワールドイベントで、よくいわれるスポーツ＝国威発揚といったナショナリズムの問題と、それだけではおさまりきらない、最近の海外で活躍する日本人選手や外国のチームの指導をする日本人コーチ、海外留学する日本の若者などに見られる、スポーツのグローバリゼーションの側面も捉えた内容は、子どもたちの興味関心を大いに引き出します。

● パラリンピックをはじめ、知っているようで知らない障がい者スポーツのあれこれについても子どもたちにわかりやすく解説、見るだけでなく、体験することを通じてスポーツを通じたバリアフリーについても理解を深め、他人事ではなく自分の事として考えて行動する素地を養えます。

各巻構成

A4変判
各48ページ
NDC780
（スポーツ）

1　どこでどうはじまった？ スポーツ
2　差別をのりこえていくスポーツ
3　国境をこえるスポーツ
4　世界をひとつにする国際大会
　　　〜オリンピック・ワールドカップなど
5　知ろう・やってみよう障がい者スポーツ